OFFERT PAR L'AUTEUR

DOCUMENTS

SUR

LES JEUNES DE LANGUES

ET

L'IMPRIMERIE ORIENTALE A PARIS

EN 1719

PUBLIÉS PAR

H. OMONT

PARIS

1890

DOCUMENTS

SUR

LES JEUNES DE LANGUES

ET

L'IMPRIMERIE ORIENTALE A PARIS

EN 1719

PUBLIÉS PAR

H. OMONT

PARIS
1890

DOCUMENTS

SUR

LES JEUNES DE LANGUES

ET

L'IMPRIMERIE ORIENTALE A PARIS

EN 1719.

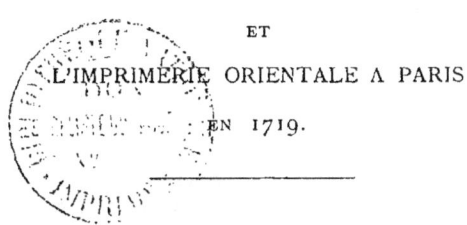

En 1719, le marquis de Bonac, ambassadeur du roi de France, près la Porte ottomane[1], exposait au Conseil de marine[2] l'utilité qu'il y aurait, « pour le service du Roy et de la nation dans le Levant, » à relever l'institution des enfants de Langues, établie cinquante ans auparavant[3] :

24 aoust [1719].

Il seroit absolument nécessaire de faire travailler à une grammere françoise et turque, et un dictionnaire, faute de ce secours la plupart des Enfans de Langue qu'on esleve ne sçavent le turc que par routine et oublient presque tout le françois qu'ils parlent et escrivent très imparfaitement. Le dictionnaire de Meninski[4], dont ils se servent, est inutile à ceux qui ne sçavent pas le latin et l'italien, et il est embarassant pour les autres, outre qu'il est d'une rareté si extraordinaire qu'on le trouve à peine pour 300 l., en sorte que presque pas un drogman n'en a et n'en peut avoir. Si le Père Hyacinthe avoit plus de loisir et de santé, il seroit capable d'entreprendre cet ouvrage, à son deffaut on peut trouver à Paris des gens sçavants dans les

---

1. Jean-Louis Dusson, marquis de Bonac, ambassadeur à Constantinople (1716-1726). Voy. Moreri, *Dictionnaire*, art. Bonnac, d'après le *Mercure de France*, sept. 1738, p. 2086 et suiv.

2. Le Conseil de marine fut établi par une ordonnance du 3 novembre 1815; il était destiné à remplacer le secrétaire d'État de la marine, momentanément supprimé. Voy. [D. Neuville], *Inventaire des archives de la marine*, série B, service général, t. I. Paris, 1885, in-8°, p. 1.

3. Voy. [Ch. Schefer], *Notice historique sur l'Ecole spéciale des langues orientales vivantes*, en tête des *Mélanges orientaux* de la même école. Paris, 1883, in-8°, p. 5, note; cf. *les Jeunes de langues*, par F. Masson, dans le *Correspondant* (10 sept. 1881), t. LXXXVIII, p. 905-930.

4. *Thesaurus linguarum orientalium.* Vienne, 1680, 3 vol. in-fol.

langues orientales qui pourroient le faire. L'impression du tout pourroit couster 10 ou 12ᵐ l., dont on pourroit se rembourser par le débit, mais quand il en cousteroit davantage au Commerce, il faudroit faire cette despense, qui est absolument nécessaire pour le service du Roy et de la nation dans le Levant [1].

La lettre suivante, en vertu de la décision du Conseil de marine, fut adressée à l'abbé Eusèbe Renaudot [2] :

A Paris, le 13 novembre 1719.

M. le Régent est informé, Monsieur, que les Enfans de Langue que le Roy fait instruire chez les Pères Capucins de Constantinople pour y apprendre le turc et estre envoyez ensuite dans les Eschelles de Levant pour le service de la nation en qualité de drogmans, ne sçavent cette langue que par routine et oublient presque le françois, qu'ils parlent et escrivent d'une manière très imparfaite, et il a esté proposé à S. A. R. de faire travailler à une grandmaire françoise et turque, et à un dictionnaire pour faciliter l'instruction de ces enfans, comme un secours qui leur est absolument nécessaire de même qu'aux drogmans qui servent près de l'ambassadeur à la Porte et aux consuls en Levant et en Barbarie. S. A. R. l'ayant approuvé, elle a ordonné au Conseil de marine de vous escrire, Monsieur, pour vous prier d'examiner entre les personnes que vous connoissez les plus versées dans les langues du Levant, celles qui seroient capables d'entreprendre un pareil ouvrage, mesme d'y faire entrer les langues arménienne, arabe et persienne, dont il conviendroit également que ces enfants et les drogmans fussent enseignez et instruits. Sa Majesté se chargera volontiers de la dépense du travail de ces personnes et de l'impression de leur ouvrage qu'elle estimera bon, si vous voulez bien y donner de vostre part vos soins et vostre attention, qui en asseureront le mérite. Le Conseil espère que vous voudrez bien luy

---

1. En marge : « Porter à Mgr le Régent. — Le Conseil croit qu'avant de rien statuer sur cette despense, il faut sçavoir si la Chambre du commerce y pourra contribuer.

« Décision de S. A. R. — S. A. R. approuve cette idée et veut que le Roy en fasse la dépense. En écrire à M. l'abbé Renaudot. » (Archives de la marine, B¹ 37, fol. 310-311.)

2. Eusèbe Renaudot, fils du médecin Eusèbe Renaudot et petit-fils de Théophraste Renaudot, le fondateur de la *Gazette;* né à Paris, le 22 juillet 1648, il mourut le 1ᵉʳ septembre 1729, après avoir publié, en 1715-1716, sa *Liturgiarum orientalium collectio.* Ses papiers, légués par lui avec sa bibliothèque à l'abbaye de Saint-Germain-des-Prés, sont aujourd'hui à la Bibliothèque nationale et y forment une collection séparée dont l'inventaire a été récemment imprimé dans la *Bibliothèque de l'École des chartes* (1890).

faire sçavoir ce qu'on peut attendre de vos reflexions et de vostre choix sur ce sujet, et des mesures qu'il y aura à prendre pour faire commencer cet ouvrage et le soutenir jusqu'à sa perfection, pour en rendre compte à S. A. R. et vous marquer ensuitte ses intentions.

L.-A. DE BOURBON [1].
Le maréchal D'ESTRÉES [2].

M^r l'abbé Renaudot [3].

La question se réduisait, on le voit, à la composition et à la rédaction d'une grammaire et d'un dictionnaire turcs à l'usage des Enfants de Langues ; Renaudot en élargit singulièrement le cadre dans le Mémoire qu'il adressa au Conseil de marine :

MÉMOIRE POUR LE CONSEIL DE LA MARINE SUR LES OUVRAGES PROPOSEZ POUR L'INSTRUCTION DES ENFANTS DE LANGUE [4].

L'avis que M^r le marquis de Bonnac a donné pour faciliter l'instruction des Enfants de Langue à Constantinople et que Mgr le duc d'Orléans a approuvé est si important qu'on a parlé diverses fois des moyens de l'exécuter, mais toujours inutilement. Divers projets qui avoient esté proposez n'ont pas eu de suite, et la principale cause de l'abandon d'un dessein aussi utile que celuy la a esté que depuis plus de soixante ans on manque de caractères des langues orientales, sans lesquels on ne peut faire aucun travail d'érudition qui puisse servir à l'instruction de ceux qui sont destinez à estre interpretes, et faire honneur à nostre nation. Mr Colbert [5], quelques mois avant sa mort, ayant compris l'utilité des travaux qu'on pouvoit faire sur ces langues, avoit résolu d'en restablir l'impression, mais depuis sa mort on n'y a pas pensé, et, quoy qu'on ait fait quelque despense pour fondre des caractères, ceux qu'on avoit commencez estoient trop défectueux pour

---

1. Louis-Antoine de Bourbon, comte de Toulouse, amiral de France.
2. Victor-Marie, maréchal et duc d'Estrées, président du Conseil de marine.
3. Bibl. nat., collection Renaudot, vol. 32, fol. 514.
4. Bibliothèque nationale, collection Renaudot, vol. 32, fol. 513-522 (autographe). Ce Mémoire de Renaudot est tout entier transcrit dans le *Registre du Conseil de marine* (décembre 1719). Archives de la marine, B¹ 37, fol. 436 v°-453 v°. On lit en marge sur le registre :
« Porter à Mgr le Régent. — Décision de S. A. R. — S. A. R. approuve tout ce que M. l'abbé Renaudot propose par son Mémoire. Elle veut qu'il soit seul chargé de l'exécution de cet ouvrage et qu'il donne un mémoire au Conseil de la marine de ce qu'il demande et des choses qui sont nécessaires pour commencer à travailler. Il faut le faire savoir par une lettre à M. l'abbé Renaudot. »
5. P. Clément, *Lettres, instructions et mémoires de Colbert*. Paris, 1863 et 1868, in-8°, t. II, p. 575, et t. V, p. 304.

s'en pouvoir servir [1]. Ainsi la première chose qu'il y aura à faire pour exécuter les ordres de S. A. R. sera de restablir les impressions des langues orientales, sans quoy tous les travaux qu'on pourroit entreprendre deviendroient inutiles. On remettra ce qui regarde cet article à la fin de ce mémoire.

Il n'est que trop vray que, depuis plusieurs années, les Enfants de Langue n'ont point d'autres maistres que les Capucins, qui méritent d'estre loüez par le soin qu'ils ont pris de leur instruction et de leurs mœurs. Mais ces religieux ne peuvent pas leur apprendre ce qu'ils ne sçavent pas, et qui ne convient pas à leur institut. Ils vont en Levant pour instruire les Chrestiens du païs, et les Francs qui y sont establis, pour prescher et pour confesser. Ils n'apprennent donc ordinairement qu'à parler assez pour se faire entendre et s'acquitter des fonctions de leur ministère. Mais il est fort rare qu'ils estudient les langues à fond, ny mesme qu'ils lisent les livres dont la lecture les pourroit instruire plus amplement. On remarque aussi qu'ils connoissent fort peu les livres des Chrestiens orientaux, où ils pourroient apprendre les termes de religion et de théologie. Mais, au lieu de ces estudes, dez qu'ils ont eu quelque usage des langues orientales, principalement de l'arabe, ils composent des livres, la pluspart en très mauvais stile, comme sont les traductions de divers catéchismes, un abrégé de Baronius, et d'autres semblables, qu'ils font lire à leurs escoliers, et où il n'y a rien à apprendre qu'à mal parler et escrire encore pis. Ainsi les Enfants de Langue apprennent mal l'arabe dont la connoissance est néantmoins nécessaire pour bien entendre le persan et le turc, principalement des lettres de Divan et d'autres dont l'intelligence est plus nécessaire.

Il y a une autre manière de se former dans l'estude de l'arabe que quelques-uns ont pratiquée avec succez, qui est de prendre un maistre turc. Elle peut estre bonne pour apprendre ce que les Orientaux regardent comme les finesses de la langue, pour entendre les poètes, et les auteurs de certains ouvrages escrits dans ce stile merveilleux que les Arabes admirent à proportion de la difficulté. Mais cette capacité ne peut pas beaucoup servir à former les interprètes, parce que ces mots et les façons de parler dont ces livres sont escrits ne sont d'usage que dans les préambules des lettres, qui ne contiennent ordinairement que des phrases. De plus, les jeunes gens qu'on envoye dans le païs n'ont ordinairement pas de quoy faire la despense d'un maistre. Quand on jugeroit à propos de leur donner pour cela quelque secours extraordinaire, il faudroit le réduire à ceux qui auroient plus

---

1. Voy. l'*Essai historique sur l'origine des caractères orientaux de l'imprimerie royale*, par de Guignes, en tête du tome I des *Notices des mss. de la Bibliothèque du roi* (1787), p. lxvij.

d'ouverture pour les langues, car il n'est pas inutile d'en former quelques-uns, s'il est possible, qui acquièrent une connoissance particulière de ce stile, non seulement pour interpréter, mais aussi pour pouvoir mettre en langue du païs des traitez et d'autres actes, comme a fait feu M^r de La Croix[1] sous les ordres de M^{rs} les mareschaux d'Estrées dans les négociations de Barbarie. Il fit la mesme chose en traduisant l'histoire du feu Roy, par les médailles, dont il traduisit le françois en persan, et ce présent fut plus agréable au roy de Perse que tous les autres.

Quoy qu'on puisse faire usage de ces maistres de langues levantins, ce ne peut estre qu'à l'égard de ceux qui sçavent desjà la langue, car les commençants y perdroient leur temps, puisqu'on reconnoist certainement par les grammaires et les dictionnaires des plus fameux auteurs qu'il n'y a ny ordre ny méthode.

On ne manque pas de grammaires faites en Europe, et il y en a plusieurs arabes fort exactes, mais difficiles à entendre, pour ceux qui commencent, par la trop grande quantité de préceptes dont plusieurs ne sont pas fort nécessaires, n'ayant pas assez de rapport au langage courant. Il y en a néantmoins quelques-unes, comme la petite d'Erpenius[2], qui pourroient estre imprimées, pour estre envoyées dans le Levant, car on y manque absolument de ces sortes de livres.

Les dictionnaires sont plus rares en Levant que les grammaires, et les Enfants de Langue en manquent entièrement, parce qu'ils sont fort chers. Celuy de Golius[3], imprimé en Hollande en un gros volume in-folio, est tiré des meilleurs dictionnaires d'Orient, mais il est disposé de telle manière qu'un commençant a bien de la peine à s'en aider. De plus, il y manque un très grand nombre de mots d'usage, non seulement pour le présent, mais pour entendre les auteurs qui ont escrit depuis quatre ou cinq cents ans, presque tous les termes qui regardent la religion chrestienne et divers autres, outre qu'il y a peu de phrases.

Celuy de Giggeius[4], imprimé à Milan, en quatre volumes in-folio, en a un plus grand nombre, mais il a les mesmes défauts, parce que comme l'autre il est tiré d'auteurs mahométans.

---

1. François Pétis de la Croix, secrétaire-interprète du Roi pour les langues orientales, professeur d'arabe au Collège royal, mort en 1713. Voy. le *Dictionnaire* de Moréri.

2. Parmi les nombreuses éditions de la Grammaire de Thomas Erpenius, on peut citer celle d'Antoine Vitré : *Thomæ Erpenii rudimenta linguæ arabicæ; accedunt ejusdem praxis grammatica... Lutetiæ Parisiorum, sumptibus societatis typographicæ Librorum officii ecclesiastici jussu Regis constitutæ*, 1638, in-8°.

3. J. Golius, *Lexicon arabico-latinum*. Lugd.-Batav., 1653, in-fol.

4. Ant. Giggeius, *Thesaurus linguæ arabicæ*. Mediolani, 1632, 4 vol. in-fol.

Celuy qui a esté fait pour estre joint à la *Bible polyglotte* d'Angleterre[1], estant de sept langues, ne peut estre d'usage pour les Enfans de Langue, outre qu'on ne peut l'avoir à part, qu'il y a une confusion de chiffres, qui fait qu'on ne peut s'en servir aisément, et qu'il ne contient que ce qui est dans les deux autres.

L'auteur de ce dernier dictionaire y a joint à part un dictionaire persan, le premier qui ait paru en Europe, et qui avoit esté commencé par Golius. Celuy cy estoit très sçavant en arabe, mais il n'apprit le persan que sur ses vieux jours : ainsi ce qu'il avoit ramassé de matériaux estoit encore informe. Castel qui l'a fait imprimer, ayant eu ses mémoires, y a adjousté quantité de mots fort douteux, parce qu'il sçavoit très médiocrement la langue. Ce dictionaire n'a servi que pour les sçavants, à cause de sa rareté et de son volume.

Il n'y avoit point eu de dictionaire turc jusqu'en 1680, et ce fut alors que le sieur Meninski[2], premier interprète de l'empereur Léopold, donna le sien au public, à ses dépens, par une générosité qui sembloit estre au-dessus des forces d'un particulier, car il fit fondre des caractères et éleva une imprimerie entière pour l'édition de cet ouvrage qui est certainement très utile et d'un grand travail. Il a joint ensemble les trois langues, l'arabe, le persan et le turc, et il explique chaque mot en latin, en alleman, en françois, en italien et en polonois. Il y a joint une grammaire des mesmes langues. Puis, en 1687, il donna un ample dictionaire latin et turc, qu'il fit imprimer deux fois, parce que l'impression estant presque achevée, en 1683, lorsque les Turcs assiégèrent Vienne et qu'ils mirent le feu dans les faubourgs où estoit l'imprimerie et le magazin, tout fut brulé.

Ce dictionaire est excellent pour le turc, parce que l'auteur avoit un grand usage de cette langue : pour l'arabe il a abrégé celuy de Golius et il a copié celuy de Castel pour le persan, et il paroist qu'il n'avoit pas la même capacité pour ces deux langues que pour la première.

Il y a d'autres grammaires turques qui ne sont pas si amples, mais qui sont plus à portée des commençants; celle de Du Ryer[3], qui a traduit l'Alcoran en françois, et dont j'ay un petit dictionaire turc manuscrit. Un Anglois nommé Seaman en a fait une autre qui est assez estimée.

---

1. *Biblia polyglotta* de B. Walton. Londres, 1657, 6 vol. in-fol.

2. Meninski, Fr. a Mesgnien, *Thesaurus linguarum orientalium, Turcicæ, Arabicæ, Persicæ.* Viennæ Austr., 1680, 3 vol. in-fol., et du même, *Linguarum orientalium institutiones sive grammatica Turcica.* Viennæ, 1680, in-fol. Cette grammaire turque a été réimprimée par les soins de Kollar (Vienne, 1756, in-4°).

3. A. du Ryer, *Rudimenta grammatices linguæ Turcicæ.* Lut. Paris., 1630 (et 1633), in-4°.

La grammaire persienne de Gravius[1], Anglois, homme très sçavant, imprimée à Londres, est plus que suffisante pour instruire des premiers éléments de cette langue. Louis de Dieu[2], Hollandois, en avoit fait une n'ayant jamais veu que la traduction du Pentateuque, faite par les Juifs et imprimée à Constantinople, en caractères hébreux, qui, n'ayant point de rapport aux lettres persiennes, l'ont souvent trompé. De plus cette version est si barbare, aussi bien qu'une histoire de la vie de Jésus-Christ, que ce mesme auteur fit imprimer avec la traduction, qu'il n'y a rien à apprendre que des barbarismes et des solécismes fort éloignés de la pureté de la langue.

Un carme déchaussé, nommé le P. de La Brosse, qui avoit esté missionnaire en Perse, fit imprimer à Amsterdam, en 1684, sous le titre de *Gazophylacium linguæ Persicæ*[3], un vocabulaire italien et persan, avec le latin et le françois, et ce livre-là n'est d'aucun usage, estant plein de mauvais mots et de fautes d'impression.

Voilà tous les secours que pourroient avoir les Enfants de Langue, qui néantmoins leur ont manqué à cause de la rareté et de la cherté de ces livres, principalement du dictionnaire et de la grammaire de Meninski, qui font cinq volumes in-folio.

Pour suppléer à ce défaut selon les intentions de S. A. R., voicy ce qu'on croit devoir proposer.

Il ne paroist pas nécessaire de travailler à de nouvelles grammaires, celles qui sont faites estant plus que suffisantes, et pour l'arabe litéral, la petite d'Erpenius contient tout ce qui regarde les principes de la langue : on pourroit seulement la rimprimer et en envoyer des exemplaires à Mʳ l'ambassadeur pour les distribuer aux Enfants de Langue.

On rimprimeroit de mesme la grammaire persienne de Gravius qui est courte et très méthodique : et de mesme la turque de Du Ryer, et celle de Seaman[4], qui est plus ample.

Pour ce qui regarde les dictionaires, ce seroit un travail fort long, et une grande despense, peu utile et nullement nécessaire que de penser à une nouvelle édition de celuy de Meninski, qui est celuy de tous qui convient le plus pour l'instruction des interprètes, parce qu'il comprend les trois langues principales, qui sont continuellement meslées ensemble dans les lettres turques et persiennes des sultans et de leurs ministres. Ce qui paroist donc le plus utile est de faire un

---

1. J. Gravius, *Elementa linguæ Persicæ*. Lond., 1649, in-4°.
2. L. de Dieu, *Rudimenta linguæ Persicæ*. Lugd.-Bat., 1639, in-4°.
3. Angeli a Sᵗᵒ Josepho *Gazophylacium linguæ Persarum*. Amstelodami, 1684, in-fol.
4. G. Seaman, *Grammatica linguæ Turcicæ*. Oxonii, 1670, in-4°.

nouveau dictionaire arabe, persan et turc, sur le modèle de celuy de Meninski.

Dans l'arabe, il n'a fait autre chose qu'abréger Golius et suivre son ordre qui est un peu embarrassant, à cause qu'il est par racines. On mettra les mots suivant l'ordre alphabétique. Il y a fort peu de phrases, on choisira celles qui se trouvent dans le dictionnaire de Giggeius, et d'autres, d'usage courant, qui ne se trouvent pas dans les livres, sur lesquels luy et Golius ont travaillé. On y joindra plusieurs mots qui manquent, et qui sont dans l'usage, mesme ceux que les Orientaux ont pris des Européens, qui, se trouvant défigurez dans l'escriture orientale, sont souvent difficiles à entendre, et ont donné quelquefois lieu à d'estranges équivoques. Un patriarche d'Antioche, Syrien, ayant escrit une lettre au feu Roy, pour luy demander la charité, alléguoit pour preuve de sa catholicité que le pape luy avoit envoyé le *Pallium*. L'interprète, n'entendant point ce mot, composa une phrase qui signifioit qu'il se faisoit de grandes conversions en ces païs là. On en informa S. M., qui, zélé comme il estoit pour la religion, en fit part à M^{rs} les évesques d'Autun et de Meaux.

Pour le persan, il y aura beaucoup de mots et de phrases à adjouster, tant pour l'ancien que pour le moderne, parce que Meninski n'estoit pas fort versé en cette langue, qu'il n'avoit que peu ou point de lecture des auteurs, qu'il n'avoit veu aucunes lettres, ny expéditions de la chancellerie de Perse, ny du Mogol, mais seulement copié ce qu'il avoit trouvé dans Castel qui s'est souvent trompé.

Il y aura peu d'additions à faire pour le turc, si ce n'est pour l'ancienne langue, et pour des façons de parler singulières, parce que Meninski a esté fort exact sur la langue vulgaire, quoyqu'il ne paroisse pas avoir leu les meilleurs livres, car les citations roulent presque toutes sur une histoire escrite par un renégat polonois, et sur les lettres qu'il a eues entre les mains. Or nous avons de quoy rendre beaucoup plus parfait l'ouvrage qu'on propose; car, outre plusieurs dictionnaires manuscrits turcs et persans que je fourniray, j'ay celuy que feu M^r d'Herbelot[1] avoit recueilli avec un très grand travail, dans lequel on trouve pour ces deux langues ce qui n'est point ailleurs.

Il paroist à propos de donner à chaque mot l'interprétation en latin, puis en françois et en italien, à cause du grand usage que cette langue a dans le Levant. Le latin seul seroit presque inutile pour les Enfants de Langue, puisque la pluspart ne le sçavent pas, qu'il faut le sçavoir en perfection pour se servir des dictionaires de Golius et

---

1. Barthélemi d'Herbelot, secrétaire-interprète du Roi pour les langues orientales, mort en 1695. Le dictionnaire turc-persan, dont il est ici question, forme aujourd'hui les mss. 2689-2694 du Supplément arabe de la Bibliothèque nationale. Cf. *Notices et extraits des mss.*, I, lxij.

de Giggeius et que celuy qu'employe souvent Meninski est à l'allemande. On n'a que faire de l'alleman, ny du polonois.

On pourra croire qu'en augmentant considérablement un dictionaire de trois gros volumes in-folio, on fera un ouvrage immense, et qui par cette raison pourra devenir inutile. Cependant on espère qu'en le rendant plus ample pour la matière, il sera plus court pour la forme.

Meninski s'est donné la peine de mettre en caractères latins, comme il a pu, la prononciation des mots arabes, persans et turcs. C'est ce qui sera retranché, par deux raisons; l'une qu'il escrit ces mots selon la prononciation allemande, qui n'a aucun rapport à la nostre; l'autre qu'on ne peut apprendre que de vive voix à prononcer une langue vivante. On peut adjouster à ces deux raisons que la prononciation a varié en Levant aussi bien qu'ailleurs.

Le retranchement de l'alleman et du polonois servira encore beaucoup à abréger. Un jeune Syrien[1] qui est icy et que S. A. R. a mis à la Bibliothèque du Roy servira utilement pour l'exécution de l'ouvrage, selon le plan que je luy feray. Il sçait le latin, le françois, l'arabe, le turc, et assez bien le persan, et il escrit fort bien ces langues.

Mais, pour exécuter ce dessein, il faut commencer par le restablissement de l'imprimerie des langues orientales, qui estoit autrefois si florissante à Paris, puisqu'il n'y a rien de plus beau que l'impression de la Bible de Le Jay[2]. On doit avoir encore les poinçons et les matrices des caractères, qui avoient esté longtemps egarez, et M^r l'abbé Bignon[3] pourra faire sçavoir ce qu'ils sont devenus, parce que, sous le ministère de M^r le chancelier de Pontchartrain, on fit un essay de la fonte de ces caractères[4].

Si on ne retrouvoit point ces poinçons et ces matrices, il y auroit deux moyens d'y suppléer. Le plus court seroit d'en faire venir un assortiment complet de caractères de païs estrangers, mais ils ne répondroient pas à la dignité de l'ouvrage. Il y en a en Angleterre, et ceux dont on s'est servi pour la *Bible polyglotte* sont très vilains et ne ressemblent point à l'escriture. Il y en a quelques autres qui sont passables, et ceux dont Meninski s'est servi sont assez bons. Ils furent faits à Nuremberg. La plupart néantmoins n'ont pas cette

---

1. Il s'appelait Baruc; voy. plus loin, p. 15.
2. *Biblia hebraica, samaritana, chaldaica, græca, syriaca, latina et arabica.* (Paris, 1645, 10 vol. gr. in-fol.) Voy. à ce sujet l'*Histoire de l'Imprimerie royale du Louvre*, d'Auguste Bernard (Paris, 1867, in-8°), p. 55 et suiv., et les documents récemment publiés par M. L. Dorez dans le *Bulletin de la Société de l'histoire de Paris* (1890), t. XVII, p. 84-95.
3. L'abbé Jean-Paul Bignon, bibliothécaire du Roi (1718-1741).
4. Cf. de Guignes, *Essai*, etc., p. lxvj, et Bernard, *op. cit.*, p. 62.

beauté des impressions de Florence et de Rome, où les Médicis firent establir une imprimerie arabe et syriaque dont les caractères sont aussi beaux que la plus belle escriture des meilleurs mains de Levant.

Le s^r Colombat, libraire, qui avoit obtenu en 1705 un privilège pour les impressions des grammaires et petits dictionaires des langues hébraïque, chaldaïque, arabe, turque et persane, a un fils qu'on dit estre très habile pour graver des poinçons de ces langues. Quand S. A. R. aura donné ses derniers ordres, on s'informera plus exactement de ce qu'on peut espérer de son industrie, et, en cas qu'il fallut faire des poinçons et des matrices, on luy donneroit pour modèle les plus beaux caractères des livres imprimez et manuscrits.

Il faudra apparemment faire venir des païs estrangers des imprimeurs compositeurs en ces langues, dans lesquelles on n'a rien imprimé icy depuis très longtemps, ce qui fait croire vraysemblablement qu'il n'y en a point.

On a presque tousjours manqué d'interprètes en langue persienne, et feu M^r de La Croix a esté le premier et le dernier. Il est cependant nécessaire d'en avoir, et, s'il y en avoit eu un aussi habile que luy à l'arrivée de ce dernier prétendu ambassadeur, on n'auroit pas esté trompé comme on le fut sur sa personne et sur sa commission[1].

L'arménien ne peut pas entrer dans le dictionaire qu'on propose, parce que la langue n'a aucun rapport à l'arabe, au turc, ny au persan, et que les caractères sont tout différents. Mais on ne croid pas qu'il soit nécessaire d'y travailler, puisque tout ce qui peut venir de Levant en cette langue regarde le commerce des Arméniens et leurs affaires particulières. M^r de La Croix, qui s'y estoit appliqué avec un travail prodigieux, en avoit fait un dictionaire beaucoup plus ample que celuy qui est imprimé à Rome et à Paris[2]. Il est entre les mains de sa veuve, et dans la suite, si on le jugeoit à propos, on pourroit profiter de ce travail.

Quand on travaillera à fondre des caractères, il ne seroit pas inutile d'en faire faire de syriaques, qui pourroient servir à l'impression de plusieurs ouvrages ou traitez utiles à l'église. Mais il est nécessaire que les interprètes y soient accoustumez, parce que toutes les lettres des patriarches et des chrestiens de Levant, quoyqu'elles soient en arabe, sont escrites en caractères syriaques, et il y a une méthode particulière pour les lire.

---

1. Allusion sans doute à l'ambassade de Rizabey, envoyé du sophi de Perse, en 1714. Voy. la *Revue d'histoire diplomatique* (1889), t. III, p. 80, note 4.

2. Le dictionnaire arménien de Pétis de la Croix se trouve aujourd'hui sous le n° 25 du Supplément des mss. arméniens de la Bibliothèque nationale. Il forme 3 vol. in-4° et est daté de 1708.

Outre l'avantage que le restablissement des impressions en langues orientales pourra procurer aux Enfants de Langue et aux interprètes mesmes, il contribuera encore au restablissement des estudes de ces langues, qui sont entièrement abandonnées, en sorte que lorsqu'il a vaqué des chaires de professeurs ou des places d'interprètes, on n'a pas esté en estat de choisir. Plusieurs sçavants hommes sont morts de nostre temps sans avoir pu donner au public des ouvrages très utiles pour la religion, l'histoire et la géographie, qui auroient fait honneur à la nation. Car, sans prévention pour sa patrie, nous pouvons dire que les estrangers ne nous surpassent pas en ce genre d'estudes non plus que dans les autres, et mesme que, dans leurs ouvrages les plus estimez, on ne trouve pas cette exactitude et solidité de doctrine qu'avoient plusieurs de nos François qu'on a négligez. La congrégation de *Propaganda fide*, à Rome, a toutes sortes de charactères[1]; il y en a aussi en Angleterre et en Hollande; il y a peu d'académies d'Allemagne qui n'en ayent. Il n'y a qu'en France où, nonobstant le nombre d'habiles hommes qui ont cultivé ces langues, elles sont abandonnées.

On n'entrera point dans le détail de plusieurs choses nécessaires ou utiles à l'exécution du dessein proposé jusqu'à ce que le Conseil, ayant examiné ce mémoire, ait décidé sur l'usage qu'on en peut faire, et que S. A. R. ait donné sur cela ses ordres. La despense ne sera pas si grande qu'on pourroit se l'imaginer, mais on n'en peut faire une estimation, mesme grossiere, avant que de sçavoir si on retrouvera les poinçons et les matrices qui ont servi aux impressions faites autrefois à Paris, et qu'on ait examiné l'estat où ils sont et l'usage qui s'en peut faire. Car, s'ils sont entiers, cela sauvera une despense considérable et beaucoup de temps, puisqu'il ne restera qu'à fondre les charactères. Que, si on peut restablir l'impression en cinq ou six mois, on pourra avoir avant ce temps là de quoy s'occuper très utilement, par rapport aux Enfants de Langue, de la manière qu'on proposera dans la suite.

En attendant la fin du grand ouvrage du Dictionaire, on pourra, si le Conseil le juge à propos, donner quelque méthode qui serviroit à conduire les estudes des Enfants de Langue, et les rendre plus utiles qu'elles n'ont esté jusqu'à présent.

Le Conseil de marine ordonna la transcription sur ses registres du *Mémoire* de Renaudot et lui demanda d'en rédiger un nouveau pour « le restablissement de l'imprimerie des langues orientales » :

---

1. Voy. l'*Indice de' caratteri, con l'inventori, e nomi di essi, esistenti nella stampa Vaticana e camerale*. (Rome, 1628, in-8°.)

A Paris, le 29 décembre 1719.

Le Conseil de marine a, Monsieur, rendu compte à M. le Régent du Mémoire que vous luy avez remis sur tout ce que vous estimez qui devroit estre fait pour faciliter l'instruction des Enfans de Langue à Constantinople. S. A. R. a veu avec plaisir touttes les observations recherchées que contient ce mémoire, et le plan que vous vous formez de ce qui devroit estre suivi pour y parvenir. Elle l'a beaucoup approuvé et ne croyant point que personne soit plus capable que vous d'en ordonner l'exécution, Elle désire que vous soyez seul chargé de cet ouvrage. Et affin qu'il n'y ait aucun retardement, vous aurez, s'il vous plaist, agréable de faire un autre mémoire de tout ce que vous avez à demander, et des choses qui sont nécessaires pour en commencer le travail. Vous l'envoyeriez ensuitte au Conseil de marine pour le rapporter à S. A. R. qui donnera en mesme temps les ordres qui conviendront et vous en fera informer.

L.-A. DE BOURBON.
Le maréchal D'ESTRÉES.

M^r *l'abbé Renaudot*[1].

SECOND MÉMOIRE AU CONSEIL DE MARINE POUR L'INSTRUCTION DES ENFANTS DE LANGUES.

Il faut commencer par le restablissement de l'imprimerie des langues orientales, sans quoy tous travaux qu'on pourroit proposer seroient inutiles.

Pour cela S. A. R. voudra bien ordonner qu'à l'Imprimerie royale, ou ailleurs, on me représente ce qu'il y a de poinçons et de matrices, qui y ont esté autrefois, et qu'on fasse des empreintes ou espreuves des caractères qui pourront se trouver afin de juger s'ils peuvent servir.

Jusqu'à cet examen, on ne peut faire d'estimation de la dépense, soit pour restablir les caractères qui se trouveront, soit pour en faire de nouvelles fontes, ce qui se fera fort aisément après cette reveüe.

S'il en faut fondre de nouveaux ou faire des poinçons et des matrices, je propose le s^r Colombat[2], comme seul capable de bien executer cet ouvrage.

Les caractères qu'on pourroit faire venir de Hollande, d'Angleterre ou d'Allemagne, ne sont pas assez beaux, et, si on vouloit avoir recours aux païs estrangers, il y a à Florence les poinçons et les

---

1. Bibl. nat., collection Renaudot, vol. 32, fol. 515.
2. Voy. plus haut, p. 12.

matrices des plus beaux qui se soient jamais faits, et le Grand Duc ne refuseroit pas de les prester.

Pour commencer l'essay de l'impression, on imprimera la grammaire turque de Du Ryer, qui suffit pour les commençants, et, pour la commodité des Enfants de Langue, dont plusieurs ne sçavent pas le latin, on la traduira en françois.

Ensuite celle de Gravius pour le persan, et on y adjoustera quelques extraits qui pourront servir de pratique de grammaire [1].

On pourra ensuite imprimer les Capitulations avec la Porte, avec leurs traductions, et d'autres pièces tant turques, que persiennes, et on fera voir, dans un mémoire à part, combien cette impression sera utile et nécessaire [2].

Pour cela on aura besoin de la communication de plusieurs de ces pièces qui sont dans le dépost de la Marine ou dans celuy des Affaires estrangères, dont S. A. R. ordonnera la communication, si elle le juge à propos, ainsi que des livres imprimez ou manuscrits de la Bibliothèque du Roy.

Feu M. de La Croix, interprète du Roy, dont la capacité estoit au-dessus de celle des plus habiles interprètes, a laissé plusieurs travaux ou papiers dont on pourra beaucoup profiter pour l'exécution du dessein de S. A. R.[3]. Ils sont entre les mains de sa veuve, qui n'a gueres de bien et est chargée d'enfants, et S. A. R. voudra bien, comme je l'espère, leur accorder quelque grâce en considération du grand secours qu'on tirera de ces travaux.

S. A. R. reglera ce qu'elle jugera à propos de donner au sieur Baruc, Syrien, que j'employerai pour le travail des dictionaires.

Je seray obligé de prendre un copiste pour copier plusieurs traductions et autres pièces qui entreront dans le projet.

Il y aura divers menus frais à faire, et S. A. R. voudra bien regler la maniere dont elle voudra y pourvoir [4].

Ce mémoire doit dater du commencement de l'année 1720; quelques mois après, le 1er septembre, Renaudot mourait, et la réforme qu'il avait été

---

1. Voy. plus haut, p. 8 et 9.
2. Dans un brouillon de cette note, qui suit dans le même volume (fol. 518), on trouve ce paragraphe, omis ici :
« On imprimera ensuite les Capitulations avec la Porte othomane, en commençant par celles qui furent faites sous Henri IV et négociées par M. de Breves, dont les exemplaires sont devenus fort rares. Puis celles qui furent faites durant l'ambassade de M. de Nointel, dont on n'a que de mauvaises traductions imprimées à Marseille, sur le sens desquelles les Turcs ont souvent fait des contestations. »
3. Cf. plus haut, p. 7 et 12.
4. Bibl. nat., collection Renaudot, vol. 32, fol. 517 (autographe).

appelé à diriger était arrêtée du même coup, sans avoir reçu aucun commencement d'exécution. C'est seulement à la fin du XVIIIe siècle que les projets de Renaudot, modifiés et étendus, devaient enfin aboutir. En 1787, paraissait le premier volume des *Notices des manuscrits de la Bibliothèque du roi*, en tête duquel était imprimé l'*Essai historique sur l'origine des caractères orientaux de l'Imprimerie royale* de de Guignes ; dix ans plus tard, l'École des langues orientales vivantes, établie à l'instigation de Langlès, ouvrait ses cours, à la Bibliothèque nationale, en 1796.

(Extrait du *Bulletin de la Société de l'Histoire de Paris et de l'Ile-de-France*, juillet-août 1890.)

Nogent-le-Rotrou, imprimerie DAUPELEY-GOUVERNEUR.

Les tirages à part de la *Société de l'Histoire de Paris et de l'Ile-de-France* ne peuvent être mis en vente.

GÉRARD MORRHE

IMPRIMEUR PARISIEN.

(1530-1532.)

L'histoire de l'imprimerie parisienne et de son merveilleux développement pendant tout le XVIe siècle est encore bien imparfaitement connue, malgré les travaux de La Caille, de Chevillier, de Maittaire, de Greswell, de Crapelet, de Renouard, d'Auguste Bernard, etc. A côté des Gilles de Gourmont, des Josse Bade, des Simon de Colines, des Estienne, etc., qui tous, sauf ces derniers, attendent encore un historien, nombre d'imprimeurs moins célèbres méritent d'être tirés de l'oubli. Parmi ceux-ci, il en est un, Gérard Morrhe, auquel les divers historiens de l'imprimerie ont consacré seulement quelques lignes, et qui mérite de fixer plus longtemps l'attention.

La Caille, dans son *Histoire de l'imprimerie*[1], est le premier à le mentionner en ces termes :

GERARD MORRHY CAMPENSIS, dit DESCHAMPS, Allemand, imprima *Luciani Salmosatensis ad Navigat. seu tyrannus*, in octavo *Græce* en 1530. *Agath. Guidacerii in Canticum Canticorum Salomonis* in quarto en 1531. imprimé dans le College de Sorbonne.

Chevillier, dans l'*Origine de l'imprimerie de Paris*[2], ne fait qu'ajouter quelques détails et accrédite une erreur que tous les bibliographes vont reproduire :

Ce fut dans le même endroit du College de Sorbonne, où nos trois premiers imprimeurs[3] avoient travaillé, que Gerard Morrhy Allemand, établit son imprimerie, et dressa des presses soixante ans après. Il y imprima parfaitement bien un Lexicon grec-latin, *in-fol*. Il en date la préface au lecteur, en ces termes : *Vale. Parisiis apud Sorbonam* 1530. mense Februario. Et met ces autres à la fin du volume : *Imprimi curabat Gerardus Morrhius Campensis apud Collegium Sorbonæ anno 1530*. Il y imprima encore l'année suivante le Commentaire d'*Agathius Guidacerius* sur le Cantique

---

1. Paris, 1689, in-4°, p. 95.
2. Paris, 1694, in-4°, p. 48.
3. Ulrich Gering, Martin Crantz et Michel Friburger, établis en Sorbonne. Voy. le livre récent de M. Jules Philippe, *Origine de l'imprimerie à Paris* (Paris, 1885, petit in-4°).

des Cantiques, *in-4°*, et un autre volume encore *in-4°*. c'est le Commentaire de Galien sur le traité d'Hippocrate *de Salubri diæta*, on lit sur ces deux volumes : *Parisiis in officina Gerardi Morrhii Campensis apud Collegium Sorbonæ.* 1531.

Maittaire (*Annales typographici*, II, 559), et, après lui, Greswell (*A View of the early Parisian greek Press*, I, 117), donnent seulement quelques nouveaux titres de livres publiés par Gérard Morrhe. La Caille mentionnait deux éditions données par lui, Chevillier trois, Greswell en cite onze ; on en trouvera plus loin une liste de vingt-six, qui sans doute n'est pas encore complète.

Les seuls renseignements biographiques que l'on ait sur Gérard Morrhe [1] se trouvent dans les différents livres qu'il a édités à Paris, dans l'espace de trois ans à peine, de 1530 à 1532. Son nom d'abord se présente toujours sous cette forme : *Gerardus Morrhius Campensis ;* La Caille et, après lui, Maittaire n'ont pas hésité à considérer ce dernier mot comme un surnom et à traduire : *Gérard Morrhy*, dit *Deschamps*, en lui attribuant une origine allemande, parce qu'en effet il se qualifie *Germanus* dans deux de ses éditions. Il est facile cependant de reconnaître dans l'adjectif *Campensis* le nom de la ville de Kampen (Overijssel), et, s'il était besoin de confirmer d'ailleurs son origine hollandaise, on en trouverait la preuve dans les livres sortis de ses presses. Le premier ouvrage qu'il imprime à Paris, le 28 juillet 1530, est un choix de comédies de Plaute, annotées par un de ses compatriotes, Gilbert Longueil, d'Utrecht. C'est à un autre de ses compatriotes, chanoine d'Utrecht, son protecteur et son ami, qu'il dédie, le 1er janvier 1532, une édition des *Geniales dies* d'Alessandro. L'année précédente, il avait édité le traité des *Épidémies* d'Hippocrate, avec traduction latine de Hermann de Crœser, originaire comme lui de Kampen. Enfin, on peut citer encore la lettre qu'il écrivait à Érasme, le 30 mars 1532, et qui nous le montre plus ami d'Érasme que de la Sorbonne [2].

Où était située à Paris l'imprimerie de Gérard Morrhe ? Sur ce point, on n'a non plus d'autre témoignage que celui de ses éditions, qui portent le plus ordinairement la mention : *Apud Collegium Sorbonæ*, ou encore : *Apud Sorbonam*. La Caille et Chevillier, se souvenant des débuts de l'imprimerie à Paris soixante ans auparavant, n'ont pas hésité à lui donner l'atelier même des premiers imprimeurs parisiens en Sorbonne. Il est vrai que, dans sa lettre à Érasme, Gérard Morrhe

---

1. La forme véritable de son nom est *Gerryt Morrhe* ou *Morre ;* cf. un article de M. Ekker (dont la source est Maittaire, *Ann. typ.*, II, 559), que me signale obligeamment M. le Dr S.-G. de Vries, dans *De Nederlandsche Spectator*, année 1863, p. 309-310.

2. Reproduite dans Maittaire, *Annales typographici*, II, 559, note c.

dit en propres termes : « Cum theologis versor frequentissime, nimirum qui *in ædibus illorum habitem;* » mais la préposition *apud*, constamment employée sur le titre de ses livres, semble plutôt indiquer que Gérard Morrhe habitait une maison voisine, propriété sans doute du collège de Sorbonne [1]. Les éditions qu'il a données au reste, en 1532, de deux ouvrages d'Alessandro et d'Oronce Finé portent la mention expresse : *in vico Sorbonico*. S'il avait réellement imprimé en Sorbonne, au lieu de *apud Collegium Sorbonæ*, ou *apud Sorbonam*, ne trouverait-on pas la mention plus précise : *in ædibus Sorbonæ*, qu'on ne rencontre dans aucune de ses publications?

En trois ans à peine, depuis le 28 juillet 1530 jusqu'en 1532, on ne compte pas moins de 26 éditions sorties des presses de Gérard Morrhe. Ce sont presque tous des livres classiques, et la littérature grecque y tient le premier rang. Dans la liste qui suit, on peut relever les titres de 18 éditions de textes d'auteurs grecs ou de livres relatifs à l'enseignement de la langue grecque : Aristote, *Poétique* et *Rhétorique* (n°s 4, 5), — Démosthène, *Philippiques* (n° 20), — Didyme, *sur l'Odyssée* (n° 7), — Galien et Hippocrate (n°s 8, 19, 22), — Lucien, *Dialogues* (n°s 10 à 14), — Plutarque, *Apophthegmes* (n°s 15, 16), — Sophocle, *Ajax* (n° 17), — un gros *Lexique grec-latin* (n° 18), — les traités des *Dialectes grecs* d'Adrien Amerot (n° 26), et des *Mois grecs* de Théodore Gaza (n° 9). La littérature latine n'est représentée que par un choix de *Comédies* de Plaute (n° 1), et le traité des *Lois* de Cicéron (n° 6); tous deux imprimés en 1530. Les autres livres publiés par Gérard Morrhe sont des œuvres d'auteurs contemporains : Alessandro (n° 24), Oronce Finé (n° 25), Guidacerio (n° 21), Salmon Macrin (n° 23), et Jean Stratius (n°s 2, 3); sauf le dernier, tous ces volumes sont datés des années 1531 et 1532.

Dès le début de son établissement à Paris, Gérard Morrhe avait travaillé pour un autre libraire parisien, Jean Pierre, qui demeurait rue Saint-Jacques, au cloître Saint-Benoît, à l'enseigne de Sainte-Barbe. Plus tard, ils semblent s'être associés [2], et le dernier livre imprimé, *apud Collegium Sorbonæ*, ne porte plus que la marque seule de Gérard Morrhe, dont le nom disparaît à partir de 1532.

On a trois spécimens différents de la marque typographique qui se trouve sur le titre des éditions de Gérard Morrhe : une petite marque ronde, mesurant 33 millimètres de diamètre [3]; une marque moyenne,

---

1. On ne trouve pas le nom de Gérard Morrhe dans les titres de propriété de la Sorbonne aujourd'hui aux Archives nationales.
2. Voy. plus loin les n°s 2 et 24-26 de la liste des éditions de Gérard Morrhe.
3. Sur le titre de l'édition des œuvres lyriques de Salmon Marcrin (n° 23).

la plus fréquemment employée pour les volumes in-4° et in-8°, et qui a 58 millimètres de haut[1]; enfin une grande marque de 104 millimètres de haut, réservée à peu près exclusivement aux in-folio[2]. Cette marque, avec quelques variantes dans le dessin, représente un animal monstrueux, image du vice, à tête humaine, avec un corps de femme, une queue de serpent, des ailes de dragon et des serres d'aigle. Dans la seule marque moyenne, cet animal monstrueux supporte de la main droite un miroir dans lequel se réfléchit son image. Au-dessus et au-dessous sont les deux devises de Gérard Morrhe :

Μήτ' ἐμοὶ μέλι μήτε μέλιττα.
Nocet empta dolôre voluptas[3].

LISTE
DES ÉDITIONS DE GÉRARD MORRHE
IMPRIMEUR PARISIEN.

(1530-1532.)

1530.

1. — M·ACCII PLAV-||TI COMOEDIAE ALIQVOT SE-||*lectiores ex multis exemplaribus collatis, diligen-*||*tissimè recognitæ. Vnà cum annotationi-*||*bus ex doctissimorum uirorum ob-*||*seruatione : opera Gisberti Longolii Vltraiectini.*

Carmina magna ex parte in mensum suum restituta sunt. Addita|| *etiam Autoris uita ex Petro Crinito de poetis latinis.*

His iam primum accessit artificium et scholia quædam in margi-|| *nem adscripta per Omphalium Iacobum Andernacum, quibus non pa*||*rum iuuatur studiosus lector ad Plauti dictionem intelligendam.*|| *Porrò comœdiarum argumenta, ut rectius intelligi queant, in singu-*||*las parteis ueteri more relata sunt.*

PARISIIS EX OFFICINA GERAR-||*di Morrhij Campensis, apud collegium Sorbonæ.* || M.D.XXX.

In-4°, CLII pages. 35 vers à la page. Aucune marque typographique. (*Bibliothèque Mazarine*, n° 10498.)

---

1. Une reproduction réduite de cette marque se trouve dans Brunet, *Manuel* (5° édit.), t. III, col. 177.
2. Une reproduction très réduite de cette marque se trouve aussi dans Brunet, *Manuel* (5° édit.), t. V, col. 561.
3. La première de ces sentences est un fragment de Sappho, conservé par le grammairien Tryphon (voy. Erasme, *Adagia*, éd. de Paris, 1579, in-fol., p. 199); la seconde est tirée d'Horace, *Epist.*, lib. I, ep. 2 ad Lollium, v. 55.

Ce volume contient seulement trois comédies de Plaute : *Amphitruo, Asinaria, Aulularia*. A la fin (p. CLII), on lit : « Absolutum Lutetiæ Parisiorum, quinto calendas ‖ mensis Augusti. Anno ab orbe redempto ‖ tricesimo, supra mille et quin‖gentos. »

2. — ☙ *AD EMINEN-*‖TISSIMAM AC NOBILIS-‖SIMAM LEONORAM, GALLIAE RE‖GINAM, Caroli Cæsaris germanam sororem, de ‖ eius felicitate & matrimonio, cum Christianissimo Francisco Gallorum ‖ Rege, ‖ Gratulatio. ‖ Autore Joanne Stratio. ‖ Cum gratia & priuilegio.
PARISIIS APVD SORBO-‖NAM, EX OFFICINA GERARDI ‖ Morrhij Campensis. impensis Joannis Petri, ‖ in cœnobio D. Benedicti commorantis. M.D.XXX. ‖ pridie Iduum Julij.

In-4°, XIIII pages. 42 lignes à la page. Au verso d'un feuillet blanc à la fin, la grande marque de Gérard Morrhe, avec les deux devises. (*Bibliothèque nationale*, Réserve, Lb[30] 56.)

A la page II, permission, en français, « à Jehan Pierre, marchant libraire, demeurant à Paris, de faire imprimer, vendre et distribuer loraison que sensuyt par l'espace de deux mois. » (6 juillet 1530.) L'épître dédicatoire de l'auteur, p. III-IIII : « Spectatissimo legato Francisco a Turri, vicecomiti Turennæ, » est datée « ex Harenda, quinto calendas apriles, » — et l'opuscule lui-même : « Ex oppido Turris a Lacu, duodecimo Calend. Aprileis, Anno a Christo nato, supra millesimum quingentesimum, tricesimo. »

Suivent (p. XIII-XIIII) deux petits poèmes : « Guilielmi Piellei » — et « Petri Elseni Buscoducensis, » ce dernier daté : « Burdegalæ, nonis Junii. »

3. — *Oraison A Tresillustre. Princesse, ma dame Alienor Royne de France*, Composee par Maistre Jehan STRATIUS, translatee de latin en françoys. Avec priuilege (*daté du 29 juillet* 1530).

Pet. in-4° goth. de 12 ff., sign. A-C. Sur le titre, la grande marque de G. Morrhe, reproduite par Brunet, *Manuel*, V, 561.

4. — ARISTOTELIS *poetica*. — Parisiis, ex officina Gerardi Morrhii Campensis, apud Collegium Sorbonæ, 1530, in-8°.

(Édition mentionnée par Greswell (*A View of the early Parisian greek Press*, I, 118) à la suite de la *Rhétorique* d'Aristote.)

5. — ΑΡΙΣΤΟ‖ΤΕΛΟΥΣ ΤΕΧΝΗΣ ΡΗΤΟΡΙ‖ΚΗΣ ΒΙΒΛΙΑ Γ. ‖ ARISTO‖TELIS DE ARTE RHE‖TORICA LIBRI ‖ TRES.
PARISIIS ‖ *apud collegium Sorbonæ*. M.D.XXX.

In-8°, 130 feuillets, non paginés, signatures α2-σ3 ; au verso du feuillet σ3, la souscription :
PARISIIS EX OFFICINA GIRARDI MORRHII CAMPENSIS, APVD COLLEGIVM SORBONÆ. M.D.XXX.
Au verso d'un dernier feuillet blanc, la marque moyenne de G. Morrhe. (*British Museum*.)

6. — Ciceronis *de legibus libri tres.* Ex officina Gerardi Morrhii Campensis, apud collegium Sorbonæ. Parisiis, 1530, in-8°.

(Édition mentionnée par Maittaire, II, ii, 740, et Panzer, n° 1982, VIII, 140.)

7. — ΔΙΔΥΜΟΥ ΤΟΥ ΠΑΛΑΙΟΤΑΤΟΥ || ΕΙΣ ΤΗΝ ΟΔΥΣΣΕΙΑΝ || ΕΞΗ-ΓΗΣΙΣ. || Didymi antiqvissimi av||ctoris interpreta-||tio in Odisseam. (Marque moyenne de G. Morrhe.)
Parisiis || *apud collegium Sorbonæ.* || m. d. xxx.

A la fin, on lit : « Parisiis imprimi cvrabat || Gerardvs Morrhivs || Germanvs septimo || calend. maii || anno 1530. »

In-8°, non paginé, signatures A-Υ, 25 lignes à la page. (*Bibliothèque nationale*, Y, 179 + a.)

8. — Cl. Galeni *de elementis secundum Hippocratem lib. II; De optima corporis nostri constitutione; De bono habitu;* græce. Parisiis, ex officina Gerardi Morhii Campensis, apud collegium Sorbonæ, anno MDXXX. 8°.

(Édition mentionnée par Maittaire, II, ii, 740, et Panzer, n° 1984, VIII, 140.)

9. — ☙ LIBELLVS || elegantissimvs de || ratione mensivm || apvd graecos, || avtore Theo||doro Gaza || Thessalo||nicen||si. || *Eme lector & fruere bonis auibus.* ||
Parisiis || *ex officina Gerardi Morrhij Campensis,* || *apud collegium Sorbonæ.* || M. D. XXX.

In-8°, 70 pages, 21 lignes à la page. Au verso d'un dernier feuillet dont le recto est blanc, la marque moyenne de G. Morrhe. (*Bibliothèque nationale*, G. 1251.)

10. — ☙ ΛΟΥΚΙΑ-||ΝΟΥ ΣΑΜΟΣΑΤΕΩΣ || ΙΚΑΡΟΜΕΝΙΠΠΟΣ, Η || ΥΠΕΡΝΕΦΕΛΟΣ. || ☙ LVCIANI Samosatensis ica-||romenippvs, avt || hypernephelus. || *Eme lector & fruere bonis auibus.*
Parisiis || *ex officina Gerardi Morrhij Campensis,* || *apud collegium Sorbonæ.* || m.d.xxx.

In-8°, 39 pages, 21 lignes à la page. Le verso du titre (p. 2) est blanc; au verso du dernier feuillet (p. 40), la marque moyenne de G. Morrhe. (*Bibliothèque Mazarine*, n° 44697, 3.)

11. — ☙ ΛΟΥΚΙΑ||ΝΟΥ ΣΑΜΟΣΑΤΕΩΣ ΚΑ-||ΤΑΠΛΟΥΣ Η ΤΥ||ΡΑΝ-ΝΟΣ. || ΤΟΥ ΑΥΤΟΥ ΘΕΩΝ ΕΚΚΛΗΣΙΑ. || ☙ LVCIANI || Samosatensis ad-||navigatio sev || tyrannvs. || Eiusdem Deorum concilium. *Eme lector & fruere bonis auibus.*
Parisiis || *ex officina Gerardi Morrhij Campensis,* || *apud collegium Sorbonæ.* || m.d.xxx.

In-8°, 40 pages, 21 lignes à la page. Le verso du titre (p. 2) est blanc; la pagination se trouve au haut de la page, au milieu, à la place d'un titre courant. Aucune marque. (*Bibliothèque Mazarine*, n° 44697, 2.)

12. — ⚜ LVCIANI SAMO-‖SATENSIS SATVR-‖NALIA. ‖ ⚜ EIVSDEM ΚΡΟΝΟΣΟΛΩΝ, ‖ IDEST, SATVRNA-‖LIVM LEGVM-‖LATOR. ‖ ⚜ EIVSDEM EPISTOLAE ‖ SATVRNALES MVLTO ‖ FESTIVISSIMAE. ‖ *Eme lector & fruere bonis auibus.*
PARISIIS ‖ *ex officina Gerardi Morrhij Campensis,* ‖ *apud collegium Sorbonæ.* ‖ M.D.XXX.

In-8°, 38 pages, 21 lignes à la page. Le verso du titre (p. 2) est blanc. Au verso d'un dernier feuillet, dont le recto est blanc, la marque moyenne de G. Morrhe. (*Bibliothèque Mazarine*, n° 44697, 4.)

13. — ⚜ ΛΟΥΚΙΑ-‖ΝΟΥ ΟΝΕΙΡΟΣ, Η ‖ ΑΛΕΚΤΡΥΩΝ. ‖ LVCIANI SOMNIVM, ‖ SIVE GALLVS. ‖
PARISIIS, EX OFFICINA ‖ GERARDI MORRHII CAMPENSIS. Anno M. D. XXX. ‖ *Mense Decembri.*

In-8°, 38 pages, 21 lignes à la page. Au verso d'un dernier feuillet dont le recto est blanc, la marque moyenne de G. Morrhe. (*Bibliothèque Mazarine*, n° 44697, 1.)

14. — LVCIANI *Vitarum auctio*, græce. Parisiis, ex officina Gerardi Morrhii Campensis, apud collegium Sorbonæ, MDXXX, in-8°.

(Édition mentionnée par Panzer, n° 1980, VIII, 140, et par Hoffmann, III, 40-41.)

15. — ΠΛΟΥΤΑΡ‖ΧΟΥ ΧΑΙΡΟΝΕΩΣ ‖ ΑΠΟΦΘΕΓΜΑΤΑ ‖ ΛΑΚΩΝΙΚΑ. ‖ PLUTARCHI CHAE‖RONENSIS APO‖PHTHEGMATA ‖ LACONICA. ‖ *Eme lector & fruere bonis auibus.*
PARISIIS ‖ *ex officina Gerardi Morrhij Campensis, apud collegium Sorbonæ.* M.D.XXX.

In-8°, 111 pages; au verso de la page 111, la marque moyenne de G. Morrhe. (*British Museum.*)

16. — ΠΛΟΥΤΑΡ‖ΧΟΥ ΧΑΙΡΟΝΕΩΣ ΑΠΟ‖ΦΘΕΓΜΑΤΑ ΒΑΣΙΛΕΩΝ ΚΑΙ ΣΤΡΑΤΗΓΩΝ. ‖ PLUTARCHI CHAE‖RONENSIS APOPH‖THEGMATA REGUM ET ‖ IMPERATO‖RUM. ‖ *Eme lector & fruere bonis auibus.* ‖
PARISIIS, *ex officina Gerardi Morrhij Campensis, apud collegium Sorbonæ.* M. D. XXX.

In-8°, 118 pages, plus un feuillet blanc, au verso duquel est la marque moyenne de G. Morrhe. (*British Museum.*)

17. — ΣΟΦΟΚΛΕΟΣ ‖ ΑΙΑΣ ΜΑΣΤΙΓΟΦΟΡΟΣ. ‖ Sophoclis ‖ Aiax Flagellifer. (Marque moyenne de G. Morrhe.)
Parisiis ‖ *apud collegium Sorbonæ*. ‖ M.D.XXX.

In-8°, 34 feuillets non paginés, signatures A2-E3; au verso d'un dernier feuillet blanc, la marque de G. Morrhe. (*British Museum*.)

1531.

18. — *LEXICON* ‖ ⚜ GRAECOLATINVM ⚜ ‖ cvi praeter omneis omnivm ‖ additiones hactenvs, sive in Italia, ‖ siue in Gallia, siue in Germania impressas, ingens uo-‖cabulorum numerus accessit : idqz partim ex Græ‖corum Lexicis, partim ex recentiũ lucubratio-‖nibus : non quorumlibet, sed exquisitorum : ‖ nimirũ Gvlielmi Budaei. Erasmi Ro-‖terodami. Lavrentii Vallae. Har‖molai Barbari. Angeli Poli-‖tiani. Ludovici Coelii. ‖ aliorumqz ciusdem ‖ classis. ‖ (Grande marque de G. Morrhe.)
Parisijs apud Collegium Sorbonæ. Anno à Christo nato ‖ *tricesimo supra sesquimillesimum. Mense Februario.*

In-fol., non paginé : 4 feuillets préliminaires avec la signature *; le texte du dictionnaire à 2 colonnes, sign. *a-Xx*; enfin, aussi à 2 colonnes, deux opuscules de 12 et 36 feuillets non paginés, avec la grande marque de G. Morrhe au commencement et à la fin. (*Bibliothèque Mazarine*, n° 48, c.)

Au verso du titre, sept vers latins « *Ad græcarum literarum candidatum.* » — Au feuillet suivant, épître « *ad candidum lectorem,* » datée « Parisiis, apud Sorbonam, anno a Christo Servatore nato, tricesimo supra mille et quingentos mense februario. » — Au troisième feuillet : « Quibus modis apud Græcos dies singulorum mensium, quos Latini Calendarum, Nonarum atque Iduum vocabulis appellant, designentur, per Philip. Melanchth. tabula. »

Le *Lexicon* est suivi de deux opuscules :

⚜ ΑΜΜΩ‖ΝΙΟΥ ΠΕΡΙ ΟΜΟΙΩΝ ΚΑΙ ΔΙΑΦΟΡΩΝ ΛΕΞΕΩΝ. (12 feuillets à 2 col.)

FARRAGO ‖ ⚜ LIBELLORVM ⚜ ‖ omnivm, qvos in sv‖perioribvs aeditionibvs ‖ *adiectos comperimus : una cum accessione haudquaquam pœnitenda, cuius in ipso statim principio elenchum* ‖ *posuimus.*

Ce dernier opuscule contient :

1° « Collectio dictionum quæ differunt significatu. »
2° « De græcarum proprietate linguarum, ex scriptis de arte Joan. Grammatici. »
3° « Plutarchi de dialectis, quæ apud Homerum. »
4° « De dialectis quæ ab Corintho decerptæ. »
5° « De passionibus dictionum, ex hiis quæ Grammatici Tryphonis. »
6° « De anomalis verbis per ordinem litterarum. »
7° « De Græcorum notis arithmeticis compendium ex veterum grammaticorum monumentis, per Hadrianum Amerotium Suessionensem. »

Au recto du dernier feuillet, un avis « *ad lectorem,* » et au-dessous cette souscription : « IMPRIMI CVRABAT GERARDVS || MORRHIVS CAMPENSIS. PARISIIS || APVD COLLEGIVM SORBONÆ. || ANNO A CHRISTI NATI-||VITATE .M. .D. .XXX. || MENSE FEBRVARIO. »

Au verso, la grande marque de Gérard Morrhe.

Ce volume a appartenu au célèbre érudit rouennais Émeric Bigot, dont la signature est sur le titre, et qui a noté dans les marges de très nombreuses additions. Au bas du titre, on lit, sur une étiquette imprimée : « Ex bibliotheca illustrissimi Johannis d'Estrées, Cameracensis archiepiscopi designati, quam Monasterio S. Germani a Pratis legavit anno 1718. »

19. — *HIPPOCRATIS* || COI DE MORBIS PO-||PVLARIBVS LIBER || PRIMVS VNA CVM TRIBVS || commētarijs Galeni, || Hermanno Cruserio || Campensi In||terprete. (Marque moyenne de G. Morrhe.)

EXCVDENDVM CVRABAT GE||RARDVS MORRHIVS, LVTECIAE APVD COLLE-GIVM SORBO-||NAE. ANNO M.D.||XXXI. MENSE || IVLIO.

In-4°, 4 feuillets préliminaires non chiffrés et 80 feuillets. 34 lignes à la page. Au verso du dernier feuillet est répétée la marque moyenne de G. Morrhe. (*Bibliothèque nationale*, Td. 51, 1; Vélins, 1979.)

Exemplaire de dédicace au cardinal Jean de Lorraine; ses armes sont peintes au verso du premier feuillet. L'épître dédicatoire de Hermann de Crœser est datée du « 5 kalend. Augusti, anno redempti orbis 1531. » — Au fol. 80, un Errata.

20. — ΔΗΜΟΣΘΕ||ΝΟΥΣ ΛΟΓΟΙ ΚΑΤΑ || ΦΙΛΙΠΠΟΥ. || Demosthenis orationes || contra Philippvm. || (Marque moyenne de G. Morrhe.)

EXCVDENDVM CVRABAT GE-||RARDVS MORRIVS CAM-||PENSIS LVTETIÆ APVD || COLLEGIVM SORBO||NÆ M.D.XXXI. MEN||SE SEPTEM||BRI.

In-4°, non paginé, signatures α-λ.6. 32 lignes à la page.

Ce petit volume contient les discours suivants de Démosthène : Contra Philippum I, de pace, contra Philippum II, de Haloneso, de Cherroneso, contra Philippum III et IV, adversus Philippi epistolam et epistola Philippi.

21. — *CANTICVM* || CANTICORVM SELOMONIS || NVPER EX HEBRAEO IN LATINVM || PER AGATHIVM GVIDACERIVM || Calabrum Romæ uersum, explanatumq;, nunc uerò || Parisiis beneficio Christianissimi Regis || Francorum Francisci linguæ san||ctæ assertoris maximi, rur||sus editum. || (Marque moyenne de G. Morrhe.)

PARISIIS EX OFFICINA GERARDI || MORRHII CAMPENSIS APVD || COLLEGIVM SORBONAE. || M.D.XXXI.

In-4°, 4 feuillets préliminaires non chiffrés, 91 feuillets et un feuillet d'*Errata*, au verso duquel est répétée la marque du titre. 28 lignes à la page. (*Bibliothèque nationale*, inventaire A, 4016.)

On lit à la fin : « FINIVNT FELICITER TRANSLATIO || & noua Commētaria, super Canticum Canticorum Se||lomonis, nuper edita per Agathium Guidaceriũ Cle-||ricum, in Romana Academia linguæ Hebraicæ, Græ||cæqz professorẽ eximium : Impressa per Antonium de Bladis, de Asula, anno Domini M. D. XXIIII. Die || xxv. Iulij. S. D. N. C L. Dei gratia Papæ .VII. || Anno primo. Nunc uero denuo Parisiis per || Gerardum Morrhium Germanũ, An-||no Domini, M. D. XXXI. »

Ce volume porte l'ex-libris manuscrit : « Usibus F. Jacobi Quetif Paris., ord. Præd. »

22. — GALENI *Commentarius in Hippocratem de salubri diæta.* In officina Gerardi Morrhii Campensis, apud collegium Sorbonæ. Parisiis, 1531, in-4°.

(Édition mentionnée par Chevillier, p. 48; Maittaire, II, II, 750; Panzer, n° 2087, VIII, 150; et Hoffmann, II, 278.)

23. *SALMONII* || MACRINI JVLIODV-||NENSIS LYRICORVM LI-||BRI · DVO. AD FRANCISCVM || VALESIVM HVIVS NOMI-||NIS PRIMVM GAL-||LIARVM RE-||GEM.

⚜ EPITHALAMIO-||RVM LIBER VNVS. AD || HONORATVM SABAV-||DIANVM VILLA-||RIORVM RE-||GVLVM. (Petite marque de G. Morrhe.)

PARISIIS EX OFFICINA GE-||RARDI MORRHII CAM-||PENSIS. M. D. XXXI. || Cum priuilegio ad biennium.

In-8°, non paginé, signatures *A-G.* 27 vers à la page. (*Bibliothèque Mazarine*, n° 44870.)

Ce volume, imprimé entièrement en italiques, provient de l'ancienne bibliothèque de Sorbonne[1].

1532.

24. — ⚜ *ALEXANDRI AB* ⚜ || ALEXANDRO IVRISPERITI || NEAPOLITANI GENIALIVM || DIERVM LIBRI SEX VARIA AC RE-||CONDITA ERV-||DITIONE || REFERTI. || ⚜ ⚜ || Accuratius quàm antehac excusi, || cum duplici indice. || (Grande marque de G. Morrhe.) ⚜ *CVM PRIVI-LEGIO* ⚜ || ⚜ Væneunt, Parisijs in uico Sorbonico, & Iacobæo, || apud Joannem Petrum sub insigni D. Barbaræ. || M D XXXII.

In-fol., 16 feuillets préliminaires non chiffrés, 194 feuillets et 1 feuillet non chiffré. (*Bibliothèque nationale*, inventaire Z, 406.)

Au verso du titre, pièce de vers de « Ioachimus Polites Zelandus ad candidum lectorem. » — Au feuillet suivant, épître dédicatoire : « Ornatissimo viro D. Marco a Weze, ecclesie Elstensis et Culenburgensis præposito, Trajectensis vero Ecclesiæ canonico, patrono et amico suo, Gerardus Morrhius Campensis S. D. » Cette épître dédicatoire est datée : « Lutetiæ Parisiorum calend. Januriis (*sic*) M D XXXII. » — Au verso du 16° feuillet non chiffré,

---

1. Trois ans auparavant, Simon de Colines avait publié un recueil de poèmes du même auteur : *Salmonii Macrini Juliodunensis Carminum libellus.* Parisiis, S. Colinæus, 1528, petit in-8°.

se trouve, en caractères gothiques français, un « *Extraict des Registres de*
« *la court*. La court a permis a Jehan Pierre Libraire et Imprimeur, demou-
« rant en ceste ville de Paris, de imprimer et faire imprimer, vendre et
« faire vendre et exposer en vente vng liure intitule *Alexandri ab Alexan-*
« *dro dies geniales*... Faict au parlement de Paris le .xxij. iour de Decembre
« Lan mil cinq cens. xxxj. »

Au verso du fol. 194, on lit : EXCVDENDVM CVRABAT GE-‖RARDVS MORRHIVS CAMPENSIS ‖ LVTETIÆ PARISIORVM, APVD COLLEGIVM SORBONÆ. ‖ M. D. XXXII.

Le dernier feuillet non chiffré contient un *Errata*, etc., et au verso est répétée la grande marque de G. Morrhe.

Sur la garde, à la fin du volume, on trouve, en écriture du XVIe siècle, la mention : « Emptus 24 solid. »

25. — *ORONTII* ‖ FINEI DEL-‖PHINATIS, LIBE-‖RALIVM DISCIPLI-‖NARVM PROFESSO-‖RIS REGII ‖ PROTOMATHESIS : ‖ Opus uarium, ac scitu non minus utile ‖ quàm iucundum, nunc primùm in ‖ lucem fœliciter emissum. ‖ Cuius index uniuersa-‖lis, in uersa pagina ‖ continetur. ‖ ☙ ☙ ‖ PARISIIS ANNO ‖ 1532. ‖ Cum gratia & priuilegio ☙
Christianissimi ‖ Francorum Regis, ad Decennium.

In-fol., 8 feuillets non chiffrés, 207 feuillets et 1 feuillet non chiffré. (*Bibliothèque nationale*, inventaire, Réserve, V, 120.)

Le titre du volume est dans un encadrement en forme de portique, gravé en bois, au-dessus duquel sont deux dauphins couronnés. En haut, sur le tympan, Hercule s'apprêtant à terrasser l'hydre de Lerne, et au-dessous la devise : *Virescit vulnere virtus*. Au bas : *Hanc Author proprio pingebat marte figuram*.

Au second feuillet, dédicace d'Oronce Finé à François Ier, datée de Paris, 1er janvier 1531. — Au verso du troisième feuillet : « Summa privilegii a regia majestate per authorem impetrati, » avec la date de juin 1522.

Au huitième feuillet préliminaire : ☙ GERARDI MORRHII ☙ ‖ *Campensis in operis commendationem Epigramma.*

    Segetes tibi pulcherrimas
    Collegit ille Orontius
   . . . . (54 vers.)

Et au verso, grande gravure sur bois, à pleine page, de la sphère astronomique.

Fol. 207. EXCVSVM EST AVTEM IPSVM OPVS PA‖RISIJS in uico Sorbonico, impensis Gerardi Morrhij, & Joannis Petri. Anno ‖ M. D. XXXII. ‖ ☙ Væunundatur autem in eodem uico Sorbonico, & Jacobæo ‖ apud eundem Joannem Petrum, sub insigni D. Barbaræ. — Au verso, la grande marque de G. Morrhe.

Le dernier feuillet non chiffré contient un *Errata*.

26. — *DE DIALECTIS* ‖ DIVERSIS DECLINATIO‖NVM GRAE-CANICARVM TAM IN ‖ *uerbis quàm nominibus, ex Corintho, Joan.*

grãma-||tico, Plutarcho, Joan. Philopono, atq; alijs eius-||dem classis. Collectore Hadriano Ame-||rotio, in gratiam illorum, qui poë-||tas græcos intelligere || cupiunt. (Marque moyenne de G. Morrhe.)

Parisiis apvd collegivm Sor||bonæ, & in vico Jacobæo apud Joan. Petrum sub || insigni D. Barbaræ. || m.d.xxxii.

In-4°, 16 pages, paginées [1]-xvi. (*Bibliothèque Mazarine*, Recueil 10487, n° 9, fol. 352.)

LISTE ALPHABÉTIQUE
DES ÉDITIONS DE GÉRARD MORRHE.

24. Alexandro (Alexander ab), *Genialium dierum libri sex*		1532
25. Amerot (Adrien), *Dialectes grecs*		1532
4. Aristote, *Poétique* (?)		1530
5. — *Rhétorique*		1530
21. *Cantique des cantiques*, traduction latine.		1531
6. Cicéron, *Lois*		1530
20. Démosthène, *Philippiques.*	septembre	1531
7. Didyme, *Commentaire sur l'Odyssée*		1530
25. Finé (Oronce), *Protomathesis*		1532
22. Galien, *Commentaire sur la Diète d'Hippocrate*		1531
8. — *Commentaire sur les Éléments d'Hippocrate*		1530
9. Gaza (Théodore), *Mois des Grecs*		1530
19. Hippocrate, *Traité des Épidémies.*	juillet	1531
18. *Lexicon græco-latinum.*	février (1530)	1531
10. Lucien, *Icaroménippe*		1530
14. — *Marché des vies*		1530
11. — *Navigation* et *Assemblée des Dieux*		1530
12. — *Saturnales*		1530
13. — *Songe, ou le Coq*	décembre	1530
23. Macrin (Salmon). — Voy. Salmon, *Œuvres lyriques*		1531
1. Plaute, *Comédies choisies*	juillet	1530
15. Plutarque, *Apophthegmes des Lacédémoniens*		1530
16. — *Apophthegmes des rois*		1530
23. Salmon Macrin, *Œuvres lyriques*		1531
17. Sophocle, *Ajax*		1530
2. Stratius (Jo.), *Gratulatio ad reg. Leonoram*	juillet	1530
3. — *Oraison à la reine Aliénor*		1530

(Extrait du *Bulletin de la Société de l'Histoire de Paris et de l'Ile-de-France* (1891), t. XVIII, p. 133-144.)

Nogent-le-Rotrou, imprimerie Daupeley-Gouverneur.

Gérard Morrhe,

imprimeur parisien,

1895.

NOUVEAUX DOCUMENTS SUR GÉRARD MORRHE,

IMPRIMEUR PARISIEN.

(1527-1532.)

On ne possédait jusqu'ici aucun document biographique sur l'imprimeur parisien Gérard Morrhe, en dehors des quelques notes qui se trouvent dans les différents livres édités par lui en Sorbonne de 1530 à 1532 et dont la liste a été publiée dans notre *Bulletin* en 1891 [1]. Un manuscrit acquis depuis par la Bibliothèque nationale, et dont M. Émile Chatelain a donné cette même année une savante notice dans nos *Mémoires* [2], contient un texte précieux pour la biographie de notre imprimeur. C'est un cartulaire de la nation d'Angleterre et d'Allemagne, inscrit aujourd'hui sous le n° 535 des nouvelles acquisitions latines, au feuillet 152 duquel on lit, parmi les statuts de la Faculté des arts, à la date du 21 juin 1527, cette note, qui semble tout entière de la main de Gérard Morrhe, alors procureur de la nation :

Statutum conclusum per magistrum Gerardum Morrhium Campensem, bassum Germanum, ejusdem nationis procuratorem.

Non clam esse voluimus anno a Christo nato supra sesquimillesimum vigesimo septimo, xi calendas julii, hora duodecima, apud S. Cosmum et Damianum, congregatam fuisse fidelissimam Germanorum nationem, ut secundo eligerent intrantem. Verum in controversia fuit ex eadem ne provincia eligeretur, ex qua primus secundum turnum electus fuit, an ex alia cujus turnus proxime sequeretur. Sed ex omnium suffragiis tandem conclusum est per procuratorem, ut ex eadem provincia fieret electio, idque in perpetuam rei memoriam in libro hoc pro camerario scribi jussit natio, ut si casus idem evenerit, idem fieret et aliis provinciis.

Gerardus M[ORRHIUS], *procurator.*

Le nombre des éditions publiées à Paris par Gérard Morrhe peut aussi être augmenté de trois nouveaux volumes, grâce à d'obligeantes

---

1. T. XVIII, p. 133-144.
2. T. XVIII, p. 73-100; cf. p. 93.

communications de deux érudits bibliothécaires, MM. le Dr S.-G. de Vries, de Leyde, et Paul Bergmans, de Gand. Ce sont des éditions des satyres de Juvénal, du traité de la langue latine de Varron et d'un opuscule de controverse d'un Orléanais, Nicolas Duchemin, imprimées en 1530 et 1531, qui doivent prendre respectivement les numéros 1 *bis*, 3 *bis* et 23 *bis* de la liste donnée dans notre *Bulletin*.

Voici la description de ces volumes qu'a bien voulu m'envoyer M. de Vries :

1 *bis*. — IVNII IVVENALIS AQVINATIS ‖ ✠ SATYRA ✠ ‖ DECIMA, VNDECIMA, ‖ ET QVARTADECIMA. (Grande marque de G. Morrhe.)

PARISIIS EX OFFICINA GERAR-‖di Morrhij Campensis, apud Collegium Sorbonæ. ‖ M. D. XXX.

In-4°, 18 feuillets, non paginés. 28 vers à la page. Signatures A^2-D^4 ; le verso du dernier feuillet est blanc. (*Bibliothèque provinciale de Frise*, à Leeuwarden.)

3 *bis*. — M·TEREN ‖ TII VARRONIS DE ‖ LINGVA LATINA LIBRI ‖ tres, & totidem de analogia. ‖ adiectis in fine castigationibus ‖ doctissimi uiri Michaelis ‖ Bentini, quibus non pa-‖rum lucis infertur. ‖ His iam recens accessit M. Portij ‖ Catonis Originum liber unus. ‖ Præterea index duplex : alter ‖ græcanicarum, alter lati-‖ narum dictionum. ‖ ✠

PARISIIS. ‖ apud collegium Sorbonæ. ‖ M. D. XXX. ‖ Mense Septembri.

In-8°, sign. : A-Q, imprimé entièrement en italiques, 248 p., dont 2-222 numérotées : FO.II-FO.CXI. Suivent [p. 222-246] les index, [p. 247] ERRATA, [p. 248] marque moyenne de G. Morrhe, avec les deux devises.

Au verso du titre [p. 2] : « Ad candidum Lectorem. ‖ Meritô plurimi conqueruntur de obscuritate ‖ fragmentorum M. Varronis in linguam La‖tinam : nam temporum iniuria tam deprauatè, ac uarijs ‖ mendarum monstris referta in lucem prodierunt, ut ‖ uel Augiæ stabuli repurgationem desiderarent. Qua ‖ in re egregium Herculem mihi præstitisse uidetur Mi- ‖ chael Bentinus, uir emunctissimæ naris, ac in resti- ‖ tuendis ueterum monumentis sagacissimus. Adieci- ‖ mus his M. Portij Catonis ex originum libris fragmen- ‖ tum, quòd eiusdem farinæ nobis esse uideretur. ‖ Vale, et quod in publicum usum libe- ‖ raliter damus, bone [*sic*] consule. »

Leyde, bibl. de l'Université : 755, c. 18 [olim : O. XXI. Burm. 22], provenant de *P. Burmannus Sec*. Reliure ancienne. — Dans le même vol. : Didymi interpretatio in Odisseam. Paris., ap. coll. Sorbonæ, 1530 (Omont, n° 7).

Le vol. porte l'inscription ms. : IOAN. CAVCI ET AMICORVM (cf. Schweiger, II, p. 1118).

Le n° 22 de la liste publiée dans notre *Bulletin* n'avait pu être mentionné que d'après différents bibliographes ; nous sommes encore redevables à M. de Vries d'une description de ce volume, dont un exemplaire est conservé dans la bibliothèque confiée à ses soins :

22. — ☙ LIBER DE SA-‖LVBRI DIAETA CVM COM-‖MENTARIO GALENI. HER-‖MANNO CRVSERIO CAM-‖PENSI INTER-‖PRETE. ‖ ☙ (Marque moyenne de G. Morrhe.)

PARISIIS EX OFFICINA GE-‖RARDI MORRHII CAM-‖PENSIS APVD COLLE-‖GIVM SORBONAE. ‖ M D. XXXI.

In-4°, 16 feuillets, numérotés FO.2-FO.16; 30 à 34 lignes à la page. Signatures : A ii-D iii. Le fol. 16 v° est blanc. (*Bibliothèque de l'Université de Leyde.*)

Les fol. 1 v°-2 v° contiennent une dédicace : « REVERENDO IN CHRI-‖ STO PATRI D. GVLIELMO QVY-‖ non, Priori Corboliensi, commenda-‖ tori D. Joānis Lateranēsis apud ‖ Parisios et Stāpenses, etc. ‖ Hermannus Cruse-‖ rius Campensis, ‖ S. P. D. ‖ ..... Lutetiæ Parisiorū. Tertio Calend. Aprilis, Anno domini, 1531. »

Cruserius dit dans cette dédicace (fol. 2) : « ... Ut primo quoque die libri Epidemiôn, et libri de pulsibus exeant : quos, ut sum testatus, nunquam mea sponte eram editurus, nisi huc me tum Medici quidam doctissimi induxissent, tum *Gerardus Morrhius meus consobrinus, cuius uel uoluntas magnum apud me pondus habet.* »

Nous laisserons la parole à M. Paul Bergmans pour le dernier volume de Gérard Morrhe, qu'il a très exactement décrit et commenté dans la notice suivante :

23 *bis*. — NICOLAI CHE-‖MYNI AVRELIANI ‖ ANTAPOLOGIA ADVER-‖SVS AVRELII ALBVCII DE-‖FENSIONEM PRO AND. ‖ ALCIATO CONTRA ‖ D. PETRVM STEL-‖LAM NVPER ‖ AEDITAM. ‖ ☙ ‖ (Marque moyenne de G. Morrhe.)

PARISIIS EX OFFICINA GE-‖RARDI MORRHII CAM-‖PENSIS APVD COLLE-‖GIVM SORBONAE. ‖ M. D. XXXI. ‖

In-4°, 6 feuillets non chiffrés et 24 feuillets chiffrés au recto, signés [A] Aij-Giij [Giv]. Car. rom.

Au verso du titre, une pièce de vers : *Ad fratres Hardoynum, et Antonivm illvstrissimi uiri D. Adami Fumæi Magistrorum à libellis in prætorio primi filios, ex Aureliana academia discedentes. Nico. Chemynus.* — Fol. Aij-[Av], l'épître dédicatoire : ☙ *Illvstrissimis viris, ac antistitibvs digniss. Clavdio Hangestio Abbati Diui Eligij Nouiodunen. & Antonio de Lalaing Hoocstratani Comitis filio. Nico. Chemynus. S.*[1] — Fol. [Av] v° : ¶ *Ioannes Calvinvs Francisco Connano Ivris svdiosissimo* [sic] *S.* — Le fol. [Avj] manque malheureusement à l'exemplaire que je vous décris[2]. L'*Antapologia*, qui occupe les 24 feuillets chiffrés, est datée d'Orléans, ides de juillet 1529[3].

---

1. Datée d'Orléans, calendes de mars.
2. L'exemplaire de la Bibliothèque nationale, inventaire F. 5420, possède ce feuillet. La lettre de J. Calvin est datée de Paris, veille des nones de mars (6 mars); cette lettre est suivie de deux lignes d'errata pour les feuillets 22 et 24. Il y a un autre errata (fol. 24 v°) à la fin du volume. — H. O.
3. Sur Nicolas Duchemin et ses rapports avec J. Calvin, il faut consul-

« Pour en revenir à notre imprimeur, ajoute M. Paul Bergmans, je dois encore vous signaler un passage de Maittaire qui le concerne. C'est une note à propos d'une édition des *Geniales dies*, d'Al. Alessandro, imprimée à Paris en 1539, par Ch. Guillard, pour Jean Roigny. Voici le passage[1] :

« *Huic editioni præmittitur brevis mentio Authoris ex ipsius hisce Commentariis collecta : et Gerardi Morrhii Campensis nuncupatoria ad Marcum à Weze, Ecclesiæ Elstens. et Culemburgens. præpositum ac Trajectens. canonicum Epistola Lutetiæ, Cal. Januar. M. D. XXXII data : in quâ scribit se* in hunc authorem, annis abhinc plus minus duobus, cùm esset Francfordiæ, neglectum atque in angulum detrusum incidisse ; *et deinde,* collatis hinc indè authorum locis, unde sua depromsit, pro viribus adnisum fuisse, ut pristino nitori restitutus, in manus hominum veniret. *Ad finem libri Ioachimus Polites Zelandus addidit poëmation, in quo Morrhius editor laudatur.*

« Il s'agit donc d'une réimpression de l'ouvrage que vous décrivez sous le n° 24. L'auteur de la pièce de vers laudatoire est Joachim Polites, ou Burgher, de Middelbourg, en Zélande, qui se trouvait à Paris pendant les années 1532-1533 et fut ensuite nommé professeur de médecine à l'Université de Barcelone. »

Ces additions, qui portent de vingt-six à vingt-neuf le nombre des volumes publiés à Paris par Gérard Morrhe, de 1530 à 1532, permettent d'en compléter ainsi la liste :

LISTE ALPHABÉTIQUE

DES ÉDITIONS DE GÉRARD MORRHE.

24. ALEXANDRO (Alexander AB), *Genialium dierum libri sex*	1532
26. AMEROT (Adrien), *Dialectes grecs*	1532
4. ARISTOTE, *Poétique* (?)	1530
5. — *Rhétorique*	1530
21. *Cantique des cantiques*, traduction latine	1531
6. CICÉRON, *Lois*	1530
20. DÉMOSTHÈNE, *Philippiques* . . . . septembre	1531
7. DIDYME, *Commentaire sur l'Odyssée*	1530
23 bis. DUCHEMIN (Nicolas), *Antapologia*	1531
25. FINÉ (Oronce), *Protomathesis.*	1532
22. GALIEN, *Commentaire sur la Diète d'Hippocrate*	1531
8. — *Commentaire sur les Éléments d'Hippocrate*	1530

---

ter la *Correspondance des réformateurs dans les pays de langue française* (1866-1876, 7 vol. in-8°), et, dans le *Corpus reformatorum*, le *Thesaurus epistolicus Calvinianus* (Brunsvigæ, 1872, in-4°), t. I, col. 7 et suiv. — H. O.

1. *Annales typographici*, t. III, 1ʳᵉ partie, p. 302, note *b*.

9. Gaza (Théodore), *Mois des Grecs*			1530
19. Hippocrate, *Traité des Épidémies*		juillet	1531
1 bis. Juvénal, *Satires X, XI et XIV*			1530
18. *Lexicon græco-latinum.*		février (1530)	1531
10. Lucien, *Icaroménippe*			1530
14. — *Marché des vies*			1530
11. — *Navigation* et *Assemblée des Dieux*			1530
12. — *Saturnales*			1530
13. — *Songe, ou le Coq*		décembre	1530
23. Macrin (Salmon). — Voy. Salmon, *Œuvres lyriques*			1531
1. Plaute, *Comédies choisies*		juillet	1530
15. Plutarque, *Apophthegmes des Lacédémoniens*			1530
16. . — *Apophthegmes des rois*			1530
23. Salmon Macrin, *Œuvres lyriques*			1531
17. Sophocle, *Ajax*			1530
2. Stratius (Jo.), *Gratulatio ad reg. Leonoram*		juillet	1530
3. — *Oraison à la reine Aliénor*			1530
3 bis. Varron, *de Lingua latina.*		septembre	1530

H. O.

(Extrait du *Bulletin de la Société de l'Histoire de Paris et de l'Ile-de-France*, année 1895.)

www.ingramcontent.com/pod-product-compliance
Lightning Source LLC
Chambersburg PA
CBHW060952050426
42453CB00009B/1172